AF242356

EXTRAIT DES REGISTRES

DE LA DÉPUTATION

DE SAINT-DOMINGUE.

Séance du 21 Décembre 1789.

MM. les Députés Votans & Suppléans de la Colonie de Saint-Domingue à l'Assemblée Nationale; assemblés, sur la convocation de M. le Président, au Bureau de la Députation;

M. le Président a dit : « Que, sur le bruit des troubles qui ont eu lieu à Saint-Domingue, & particulièrement au Cap, dans le courant d'Octobre, il avoit cru convenable d'appeller à la Séance, qui devoit être tenue ce jour, MM. les Députés de la Martinique & de la Guadeloupe. Que les motifs de sa démarche étoient, la coalition des trois Députations, qui sont convenues de se réunir & de se concerter dans toutes les occasions où leur réunion pourroit être utile au bien général des Colonies; la communication que celle de la Martinique a donnée à celle de Saint-Domingue, des mouvements arrivés dans cette première Isle; enfin, la circonstance que M. Moreau de Saint-Méry, Colon & Député de la Martinique, a été le principal objet de la fermentation qui a eu lieu dans la Colonie de Saint-Domingue, à laquelle il a aussi l'honneur d'appartenir, & par une

A

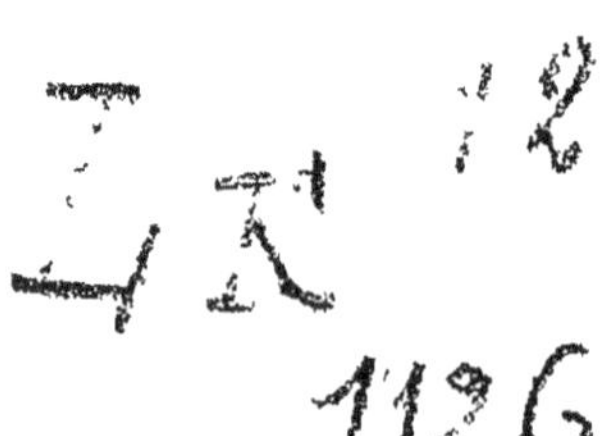

place de Magiftrature, & par fa famille, & par des propriétés.

La réunion des trois Députations, dans la circonftance, ayant été unanimement jugée convenable, MM. les Députés de la Martinique & de la Guadeloupe ont été introduits, & ont pris place.

M. le Comte Dillon, Député de la Martinique, a remis fur le Bureau une lettre du Comité de Députation de cette Colonie, adreffée à la Députation. Lecture en a été faite par le Secrétaire-Général, comme fuit :

Paris, le 21 Décembre 1789.

» MM., nous avons appris avant-hier, avec autant de
» chagrin que d'étonnement, l'injufte & injurieux traite-
» ment qu'ont éprouvé, à Saint-Domingue, les parens
» de M. Moreau de Saint-Méry, & le fort qu'on lui
» préparoit s'il fe fût trouvé dans cette Colonie. Comme
» Colons, & comme vos Frères, les Habitants de la
» Martinique, affemblés à Paris, prennent la part la plus
» fincère aux troubles qui ont agité Saint-Domingue, &
» dont les fuites peuvent malheureufement être très-
» funeftes pour toutes les Colonies ; mais comme Colons
» de la Martinique, ils ont reffenti vivement l'injure
» faite à M. Moreau de Saint-Méry, un de leurs Dé-
» putés à l'Affemblée Nationale, dont ils ne fauroient
» trop louer le zèle, les talents, & l'application conf-
» tante à travailler au bien, non-feulement de la Colo-
» nie qui lui a confié fes intérêts, mais encore de toutes
» les Colonies en général. Comme Repréfentans de Saint-
» Domingue à l'Affemblée Nationale, vous avez été à
» portée, MM., de juger combien il a mérité les éloges

» des Colons de la Martinique , & les vôtres. Nous ne
» pouvons donc attribuer ce qui vient de fe paffer à
» Saint-Domingue qu'à l'injuftice de fes ennemis, & nous
» ne doutons pas que les Habitans de cette Ifle ne lui
» témoignent leurs regrets, & ne lui faffent toutes les
» réparations qu'il eft en droit d'attendre , lorfqu'ils fau-
» ront que le pamphlet intitulé : *Obfervations de M.*
» *Charton à la motion de M. Moreau de Saint-Méry* ,
» qui a donné lieu, aux violences exercées contre M.
» Moreau de Saint-Méry & fes parens , eft un libelle
» dénué de tout fondement; qu'après l'examen le plus
» fcrupuleux, l'Affemblée des Electeurs de la Martinique
» tenue à Paris l'a reconnu pour tel , & a configné l'in-
» culpation faite à M. Moreau de Saint-Méry , & fa
» juftification entière dans le procès-verbal des Electeurs
» de la Martinique , *imprimé à Paris chez Demonville* ,
» & dont nous vous avons remis plufieurs exemplaires.
» La preuve que cette juftification étoit complète aux
» yeux de tous les Electeurs de la Martinique , c'eft qu'ils
» l'ont nommé leur premier Député à l'Affemblée Na-
» tionale.

» D'après cet expofé, MM., nous vous conjurons, au
» nom de tous les Colons de la Martinique affemblés à
» Paris, de faire connoître, le plutôt poffible , à vos
» Concitoyens de Saint-Domingue , l'étendue de l'injuftice
» qu'ils ont faite à M. Moreau de Saint-Méry , & le
» defir que nous avons de la leur voir réparer de la ma-
» nière *la plus éclatante & la plus publique* ; ce fera fûre-
» ment pour eux une fatisfaction de reconnoître leur er-
» reur, & les Habitants de la Martinique ont droit de
» réclamer la Juftice qui eft due à un de leurs Repréfen-
» tans à l'Affemblée Nationale.

A 2

» Nous avons l'honneur d'être, avec les fentiments
» de la plus fincère & fraternelle amitié , MM., Vos &c.
» *Signé :* Le Comte Dillon, le Chevalier de Perpigna,
» & le Marquis Duquefne, *au nom & par ordre de l'Affem-*
» *blée des Colons de la Martinique, réunis à Paris* «.

M. Moreau de Saint-Méry a enfuite fait lecture
d'une relation de ce qui s'eft paffé au Cap , depuis le
Jeudi 8 Octobre , jufqu'au 31 inclufivement ; cet écrit
eft *fans fignature* , & renferme cinq pages de grand
papier , d'une écriture extrêmement ferrée & menue.
Une lettre de la même main, *non fignée* , continue la
relation jufqu'au 3 Novembre , & ces deux pièces font
accompagnées de la copie manuscrite d'un imprimé
intitulé : *Obfervations de M. Charton, à la motion de*
M. Moreau de Saint-Méry.

. Les deux premiers écrits portent en fubftance ;

» Que MM. du Comité Provincial du Cap, ont
répandu des copies d'un imprimé ayant pour titre : *Ob-*
fervations de M. Charton, à la motion de M. Moreau
de Saint-Méry , écrit qui fuppofe que M. Moreau a
propofé à l'Affemblée des Electeurs de Paris, d'inférer
dans leurs cahiers, *la demande formelle, aux Etats-*
Généraux, de l'affranchiffement abfolu des Nègres «.

» Que cet écrit a foulevé tous les efprits contre l'auteur d'une propofition qui tendroit, effectivement, à la
fubverfion de la Colonie, & à la ruine complète de
tous les Colons «.

» Que l'impreffion qu'elle a faite s'eft manifeftée,
d'une manière plus violente, comme cela devoit natu-
réllement arriver, parmi la jeuneffe «.

» Que le cri de la profcription s'eft élevé contre M.
Moreau de Saint-Méry «.

» Que le même cri s'eſt élevé, ſans qu'on en annonce les motifs, contre un ancien Notaire, juſqu'à ce moment, eſtimé & conſidéré, ſoit comme citoyen, ſoit comme père de famille, ſoit comme officier public; que les premiers effets de la haine publique ſe ſont portés ſur lui; & qu'heureuſement il s'eſt trouvé abſent «.

» Que malgré un écrit, & des démarches faites auprès du Comité, pour la juſtification de M. Moreau de Saint-Méry, loin que la haine ſe ſoit rallentie contre lui, ſes effets ſe ſont étendus ſur ſa famille, en ſon abſence. Que M. Arthaud, Médecin du Roi, ſon beau-frère, a été enlevé de chez lui, conduit ſur un âne, vers le lieu appellé la Foſſette, où on ſembloit ſe propoſer les dernieres violences; & qu'heureuſement il a été délivré par l'interpoſition de pluſieurs perſonnes «.

» Qu'on a auſſi cherché M. Gauvain négociant, allié de M. Moreau de Saint-Méry, avec menace du dernier ſupplice «.

» Que les mêmes excès ont eu lieu contre un ſieur Meynier, écrivain principal «.

» Que ces différentes perſonnes étoient en ſuite, avec le reſte de la famille de M. Moreau de Saint-Méry «.

» Que dans une aſſemblée du Lundi 19, il a été queſtion de mettre à prix, les têtes de M. Grimperel, Notaire & de M. Gauvain. Que les repréſentations de M. de Cambefort, Colonel du régiment du Cap, (dont la conduite, dans ces évènemens, eſt celle d'un ſage & vertueux patriote,) de M. Buſſon, Sénéchal, de M. Ruotte, Conſeiller, & de quelques autres, ſoi à cette aſſemblée , ſoit dans celle du 21 , ont ſemblé calmer les eſprits «,

» Que dans ces divers mouvemens , & notamment le 20 , M. de Vincent , Commandant , & M. Jauvin , Ordonnateur , dont la conduite eſt annoncée comme peu ſatisfaiſante , paroiſſent n'avoir été exempts ni de menaces , ni d'inſultes «.

» Que deux lettres étant arrivées de France , dans le cours de ces tranſactions , l'une déſignant M. Moreau de Saint-Méry , comme le chef d'une coalition d'Américains qui croiſoient la députation , l'autre l'annonçant comme nommé à l'Intendance de Saint-Domingue ; d'autres lettres étant venues auſſi , qui apprenoient que quatre Emiſſaires des *Amis des Noirs* , arrivoient inceſſamment pour exciter les Nègres à la révolte ces différens avis ont donné une nouvelle activité à la haine «,

» Qu'enfin , le 23 , ſept navires ayant été ſignalés , le Comité Provincial a nommé vingt Commiſſaires , pour aller à bord , mettre les ſcellés ſur les malles des paſſagers , & les conduire au Comité pour être interrogés ; faire la recherche des Emiſſaires , des ſoi-diſant Philantropes , & s'en ſaiſir ; & , ſi M. Moreau de St-Méry étoit à bord de quelqu'un des bâtimens , *le pendre à une vergue* ; & que ces perquiſitions ſe ſont faites exactement les 23 , 24 & 25.

» Pluſieurs autres faits ſont énoncés dans cette relation , notamment des effigies brûlées , avec le nom des perſonnes qu'on ne nomme pas , & l'épithète *Traître à la Patrie* «.

» Une alarme d'inſurrection de Nègres , qui a tenu la Ville ſous les armes , le 21 «.

» L'envoi d'une Députation au Port-au-Prince , le

25 , pour demander les perſonnes de l'Intendant , du Contrôleur de la Marine , du Procureur-général & du Doyen du Conſeil. *Intereà* la nouvelle venue du Port-au-Prince , de l'évaſion de l'Intendant «.

» Le 26, des Nègres d'une habitation , à l'inſtant d'être exécutés, pour raiſon d'attroupement , & renvoyés ſur de ſages repréſentations «.

» Le 27 , découverte d'un cahier de doléances, en date du 27 Janvier 1789 , qui a indiſpoſé les Citoyens non-propriétaires , dès-lors le Comité Provincial perdant de ſon influence & de ſon crédit «.

» Le 28 , arrêté ſur la motion du ſieur Romainville, que les proſcrits ſeront rappellés pour être jugés en forme. Arrêté ſur la motion de M. Chaudruc , que le Cap ſera diviſé en donze Diſtricts. Nouvelles marques de mécontentement contre le Comité «.

» Le 30 , nomination de deux Députés & de deux Suppléans par Diſtrict «.

» Le 31, ſerment de fidélité des Diſtricts. Arrêté qu'ils laiſſeront agir leurs Députés & qu'il n'y aura plus d'Aſſemblée générale. Il paroît que ce jour le Comité Provincial a été révoqué «.

» Le 1 Novembre, *Te deum* chanté à la Paroiſſe. Les troupes ſous les armes, prêtent ſerment de fidélité à la Nation & au Roi. Enſuite , aſſemblée des Députés des Diſtricts au Gouvernement, ajournée au lendemain 2 , & là ſe termine la relation «.

La matière a d'abord été miſe en diſcuſſion, ſur le ſimple expoſé de la relation.

Il a été unanimement ſenti qu'une relation , *qui n'eſt ſignée de perſonne* , ne peut inſpirer qu'une confiance très-équivoque. Cependant la bienſéance & le reſpect dus à

l'amitié & à la correfpondance, fur-tout dans des circonftances délicates, où il eft auffi facile que dangereux
de compromettre quelqu'un, n'ont pas permis d'interroger M. Moreau de Saint-Méry, fur l'auteur de la
relation.

Néanmoins il a été obfervé qu'il fuffifoit qu'un Citoyen fût défigné, *de quelque manière que ce pût être*,
comme compromis dans fon honneur, dans fa fortune,
& dans fa fûreté, & qu'une famille affez nombreufe
fût enveloppée dans les mêmes dangers, pour qu'on
dût regarder comme un devoir de venir à fon fecours,
pour faire connoître fa juftification, & l'appuyer fi elle
paroiffoit claire.

Diverfes circonftances ont fait adopter, avec un
nouvel empreffement, cet acte de juftice. M. de Thébaudières a lu une lettre du Cap, écrite par un par-
ticulier connu; M. le Comte O-Gorman a communiqué l'extrait d'une autre lettre; M. Laborie a auffi
préfenté une relation, qui toutes atteftent les princi-
paux faits détaillés dans celle de M. Moreau de Saint-
Méry, de forte qu'elle a acquis un nouveau degré de
crédibilité, aux yeux de la Députation.

M. de Magallon a rappellé que l'écrit de M. Charton, qui a fufcité la haine de la Colonie contre M.
Moreau de Saint-Méry, étoit réellement parvenu au
Comité du Cap, dans les paquets de la Députation,
(1) qui avoit toujours obfervé d'envoyer à fes commet-

---

(1) Cependant il a été vérifié que les états des envois n'en
font pas mention.

tans tout ce qui paroiſſoit de relatif aux Colonies. Il a ajouté qu'il avoit lui-même participé particulièrement à l'écrit du ſieur Charton , qu'il connoiſſoit , & qui lui avoit parlé de la motion prétendue de M. Moreau, pour l'affranchiſſement des Nègres. Que ne lui étant pas venu dans la penſée que M. Charton pût en impoſer ſur un ſemblable fait , il l'avoit engagé lui-même a faire imprimer une réponſe , pour l'intérêt des Colonies ; & que croyant cet imprimé public , & voyant que M. Moreau n'y répondoit pas, il n'avoit plus douté de la vérité du fait, & avoit cru devoir le faire connoître à la Colonie. Que ſi malheureuſement , ou plutôt heureuſement, le ſieur Charton a fauſſement inculpé M. Moreau de Saint-Méry , il lui paroiſſoit que c'étoit un nouveau devoir pour la Députation, de déſabuſer la Colonie , puiſqu'un de ſes Membres avoit involontairement contribué à la tromper.

En conſéquence , il a été ARRÊTÉ UNANIMEMENT , que la juſtification que M. Moreau de Saint-Méry offre de préſenter, & que la Députation de la Martinique , déclare qu'elle a déja accueillie , ſeroit entendue , & conſignée dans la préſente , pour y être ſtatué.

Cependant pluſieurs réflexions intéreſſantes ſont ſorties de la diſcuſſion , relativement aux relations.

Dabord les Blancs & les Gens de couleur ont montré cet accord que l'intérêt commun preſcrit, & que la reconnoiſſance d'une part , la bienveillance de l'autre , & de toutes les deux un attachement mutuel , promettoient malgré les diſtinctions néceſſaires entre les deux claſſes. Au moment d'une alarme fauſſe , mais inquiétante , de la part des Nègres , on les a vus ſe réunir , & il y a lieu d'eſpérer que cette réunion préviendra les grands maux, *les seuls sans remède*, qu'on pourroit craindre de ce côté.

Ensuite, la révolution a commencé, comme de coutume, par la jeunesse, avec la chaleur inséparable de cet âge ; bientôt des gens plus froids se font interposés, des avis plus modérés ont été écoutés. A des Assemblées trop nombreuses, & par conséquent trop agitées, ont succédé des divisions par Districts. Ces Districts ont remis à des Représentans le soin de la chose publique. Là, sans doute auront été appellés les Propriétaires – planteurs, ou leurs Représentans ; & de-là, sans contredit sortiront, & la sûreté des accusés, & des résolutions qui assureront le salut des Colonies.

Dans sa première effervescence même, on a vu des actes de sagesse. L'ancien Comité a été remplacé par une représentation plus légale de la Colonie. Des Emissaires assassins sont annoncés, & les précautions les plus sages sont prises pour prévenir leurs complots criminels, & les livrer au supplice qu'ils auroient trop mérité. Et que ne doit-on pas espérer, dans le calme de la réflexion, d'un peuple qui, dans le premier délire de la liberté & de la colère, peut se conduire ainsi !

Enfin, avec quelque précaution qu'on admette un récit, dont l'authenticité n'est pas certaine ; quel avertissement pour les *Amis des Noirs*, & sur-tout pour l'Assemblée Nationale ! Si le soupçon d'une proposition destructive de la Colonie a pu porter un peuple doux & sage, à un tel degré de désespoir, que l'absence de l'auteur prétendu ait seule pu conserver sa vie, que sa famille innocente ait été prise pour le coupable, & ne se soit sauvée que par la fuite ; que n'a-t-on pas à craindre, si on prenoit contre ce peuple, des résolutions mal conçues & funeftes ? Ne doit-on pas être certain que de femblables décrets ne s'exécuteroient que par l'effufion de la dernière goutte du fang des généreux & braves Colons !

Combien, d'après cela, ne devons-nous pas bénir les difpofitions montrées dans l'Affemblée Nationale, à la féance du trois du courant, de ne rien ftatuer fur les Colonies, que d'après le vœu qu'elles manifefteroient elles-mêmes ?

M. Moreau de Saint-Méry a préfenté fa juftification; & elle a porté toute entière, non pas fur des raifonnemens, mais fur des faits, & fur des pièces authentiques.

» Il eft convenu que l'inculpation lui a été faite par le fieur Charton. Il a déclaré que la première connoiffance qu'il en ait eue a été *à la fin d'Août*, époque où MM. les Colons de la Martinique tenoient des Affemblées générales, pour la nomination de leurs Députés & la formation de leurs cahiers, fuivant le pouvoir qu'ils en avoient reçu de leur Colonie. Qu'un des exemplaires de l'imprimé de M. Charton ayant été remis au Comité, M. Dillon le lui avoit communiqué; qu'indigné d'une inculpation auffi fauffe que méprifable, il avoit répondu avec la confiance que fon innocence & fa réputation lui infpiroient, *qu'il fe croyoit au-deffus du foupçon* ».

» Que néanmoins, le Comité ayant fait part de cet Imprimé à l'Affemblée générale du 30 Août (*en l'abfence de M. Moreau*), & à l'inftant où on alloit pro céder à la nomination des Députés , on avoit jugé nécessaire qu'il fît préalablement connoître sa justification, pourquoi *la nomination avoit été ajournée au six Septembre* «.

» Qu'ensuite , MM. Dillon & de Perpigna avoient annoncé qu'ils avoient cherché à interroger M. Charton. Qu'il avoit persisté dans son assertion contre M. Moreau de Saint-Méry. Qu'il avoit marqué la date de sa motion *au douze Mai* à l'Assemblée des Electeurs. Qu'il avoit ajouté que lui Charton avoit fait imprimer *ses observations* dans la nuit , & les avoit remises sur le Bureau des Electeurs *le treize Mai , après en avoir fait lecture* «.

» Que l'Assemblée de MM. les Colons de la Martinique avoit nommé trois Commissaires (MM. de Chateaugué , Crocquet de Belligny , & Duharoc) pour prendre de nouvelles informations sur cet objet «.

» Qu'à la Séance du 6 Septembre , MM. les Commissaires avoient fait leur rapport portant , » que de douze Electeurs auxquels ils avoient pu parler , sur plus de trente chez lesquels ils avoient été , le sieur Charton a seul soutenu son inculpation , & que tous les autres ont , non-seulement attesté que M. Moreau de Saint-Méry n'avoit rien dit contre les intérêts des Colons , mais qu'il avoit mérité les plus grands éloges, &c. «

Tous ces faits sont constatés , mot à mot , au Procès-verbal imprimé des Séances de MM. les Colons de la Martinique , des 30 Août & 6 Septembre , (page 65 jusqu'à celle 70 ,) que M. Moreau a remis sur le Bureau , & qui se termine ainsi. — » L'Assemblée a entendu , avec la plus grande satisfaction , une justifi-

» cation auſſi complette d'un Membre dont la conduite
» a bien mérité d'elle ; & elle s'eſt empreſſée de lui en
» donner un témoignage authentique «.

Enſuite *M. Moreau eſt nommé Premier Député* par le ſcrutin.

M. Le Comte Dillon a obſervé que la juſtification de M. Moreau de Saint-Méry , authentiquement prononcée par la Colonie de la Martinique , devoit ſuffire aux yeux des Colons de Saint-Domingue ; mais M. Moreau a inſiſté ſur ce qu'appartenant à cette dernière Colonie, ainſi qu'il s'en fait honneur ; ayant le malheur d'être perſécuté dans ſon ſein, & juſques dans ſa famille , par une accuſation, qui, ſi elle étoit vraie , mériteroit, en effet toute ſa haine , il devoit lui être permis de donner de nouveaux détails.

MM. Les Députés , après en avoir délibéré , ont rendu hommage à la confiance & aux égards dus à MM. les Colons de la Martinique , & réclamés par M. le Comte Dillon ; & néanmoins ont accueilli la demande de M. Moreau de Saint-Méry.

En conſéquence, il a rappellé que le ſieur Charton, dans la réponſe qu'il a fait à M. de Perpigna , relatée au Procès-Verbal du 30 Août , a fixé° *au douze Mai* l'époque de la motion, *& au treize* celle de la *lecture* & remiſe de ſes obſervations.

A ces dates , il a oppoſé, 1°. le Procès-verbal des Electeurs & le Cahier des doléances du Tiers-Etat de Paris. Il a fait voir que l'article *Légiſlation* , dans lequel ſeul il a pu être queſtion des Nègres , & qui finit, en effet, par la *demande de prendre en conſidération le ſort des Eſclaves* Noirs, *ou* hommes *de couleur*, étoit arrêté *le neuf Mai*, & que par conféquent, il n'a pas pu être queftion de l'afranchiſſement le *douze* (1).

2°. Il a repréſenté le rapport original, ſigné de MM. de Chateaugué, de Belligny & Duharoc ; il a fait voir que ces MM. avoient exigé que M. Charton ſignât un de ſes imprimés. Il a pareillement repréſenté cet imprimé, certifié en ces termes. *Pour copie conforme à ce que j'ai fait imprimer chez M. Nyon*— ſigné, *Charton.*

Il a enſuite préſenté au pied de cette ſignature même, le certificat ſuivant. — Je certifie que le préſent a été fait chez moi *le dix Juin* 1789, & tiré au nombre de 600 exemplaires, livrés à M. Charton. — Ce 5 Septembre 1789, *ſigné* Nyon. Ce n'eſt donc pas *le douze ou le treize Mai* !

M. Moreau a fait voir qu'en Juin, il n'y avoit plus d'Aſſemblées d'Electeurs ; que leur Procès-verbal eſt clos le 23 Mai. Il a rappellé que de plus de *cinquante* Electeurs de la Martinique, perſonne ne connoiſſoit l'imprimé du ſieur Charton, ſi intéreſſant pour les Colonies. Il a conclu avec raiſon qu'il étoit une production, après-coup & clandeſtine, de la calomnie & de la haine.

3°. M. Moreau a montré, dans le même rapport, que le ſieur Charton, invité de nommer aux Commiſſaires quelques Electeurs, qui euſſent entendu, comme

______

(1) M. Moreau a obſervé qu'il n'a pas fait la motion, même pour améliorer le ſort des Nègres ; qu'un homme qui a vécu dans les Colonies, auroit dit *Gens de couleur*, & non pas *Hommes de couleur* ; qu'il n'auroit pas dit *Eſclaves Noirs*, parce que les noirs ne ſont pas les ſeuls Eſclaves. Enfin qu'il ne ſé feroit pas ſervi du mot *Noir*, mais du mot *Nègre.*

lui, la motion, *n'a pu nommer qu'un fieur Garin*, *Boulanger*, & leur a remis une lifte générale des Electeurs. On a vu plus haut le défaveu des Electeurs. Mais les Commiffaires voyent le fieur Garin, & il déclare fe bien rappeller ce que M. Moreau a dit, mais qu'il n'a point parlé de l'affranchiffement des Noirs, ni de l'abolition de la traite; que l'Affemblée voulant s'occuper d'autre chofe, cela s'étoit paffé à travers un certain tumulte, au milieu duquel M. Charton *a pu* mal faifir le fens; *que nombre d'Electeurs le lui ont dit*, & que lui-même fieur Garin *en a prefque fait convenir M. Charton*, dans un Voyage qu'ils ont fait à Provins, pour une miffion de la Ville.

4°. M. Moreau a enfuite repréfenté un certificat en ces termes :

» Nous fouffignés, Electeurs nommés par le Tiers-
» Etat de la Ville de Paris, & ci-devant affemblés à
» l'Archevêché, certifions & atteftons *n'avoir jamais*
» *entendu M. Moreau de Saint - Méry, l'un de nous*,
» *faire aucune motion pour l'affranchiffement des Nè-*
» *gres des Colonies.* — A Paris, le 1er. Septembre 1789.
» — Suivent 5 pages à la Tellière de fignatures, notam-
» ment celle de M. Bailly, qui étoit *Secrétaire de l'Affem-*
» *blée des Electeurs*, & actuellement Maire de Paris «.

A cet égard M. Moreau de Saint - Méry a fait remarquer, qu'il eft dit à la fin du rapport de MM. les Commiffaires, qu'il avoit demandé une converfation par écrit avec le fieur Charton, en leur préfence. Il a repréfenté cette converfation fignée de lui & du fieur Charton, où les demandes font de fa main, & les reponfes de celle de M. Charton. On y voit que celui-ci indique comme préfens à la motion, MM. Parifot, Camus,

& Garin Electeurs, & il a fait remarquer ces trois signatures appofées au certificat ci-deffus.

On voit écrit dans ce dialogue, de la main de M. Charton : *Le projet de l'affranchiffement a été propofé par le cahier de l'Affemblée générale*, & on voit dans le cahier *feulement la demande de prendre en confidération le fort des Efclaves.* Cela fembleroit confirmer le dire du fieur Garin, mais on voit que le fieur Charton n'a pas fu diftinguer ces deux objets fi différens.

Suivent des notes particulières jointes aux fignatures de quelques Electeurs.

Je certifie qu'il n'a jamais été queftion, dans les Affemblées, de la liberté des Nègres. *Signé :* Darimajou.

Avrillon. — Qui ai fuivi fcrupuleufement les motions & mémoires imprimés, donnés par M. Moreau de Saint-Méry.

J'ai connoiffance que M. Moreau de Saint-Méry fit une motion *pour l'admiffion des Députés des Colonies aux Etats-Généraux*, fans parler des Nègres. *Signé :* Chignard (1).

Ayant parlé de la propofition qui avoit été faite, dans les papiers publics, de l'affranchiffement des Nègres, je n'ai jamais entendu M. Moreau de Saint-Méry appuyer, en aucune façon, cette demande, & l'ai trouvé d'une opinion contraire. *Signé :* De la Poize.

J'attefte de plus, perfonnellement, que M. Moreau

---

(1) Cela eft conftaté au Procès-verbal des Electeurs, pag. 21 , Séance du Lundi 4 Mai : on en voit la demande dans le Cahier, pag. 8.

de Saint-Méry m'a manifesté une opinion contraire, & que nous avons eu une discussion sur ce point. *Signé* ; Ganilh.

Je soussigné , Alexandre - André Huguet, ci - devant Electeur de la Ville de Paris , & ancien Président du District Saint-Martin-des-Champs, certifie que M. Moreau de Saint-Méry, lois des Assemblées tenues à l'Archevêché, *nous a peint avec une éloquence vive & touchante, les maux que la conduite arbitraire , tant des Gouverneurs & Intendans que de leurs Subalternes , causoit aux Colons de l'Amérique ;* mais qu'il n'a jamais parlé de la question de savoir si les Nègres seroient rendus à la liberté, ou s'ils resteroient esclaves. A Paris, le 12 Septembre 1789, *Signé* : Huguet.

M. Moreau de Saint-Méry, après s'être ainsi pleinement justifié sur la conduite qu'il a tenue *comme Electeur*, a voulu encore montrer les principes qu'il a professés dans les Sociétés auxquelles il appartient , & il a mis sur le bureau les deux pièces qui suivent :

» Je soussigné, déclare avoir entendu, dans différentes Séances de la Société Royale d'Agriculture, M. Moreau de Saint-Méry, Correspondant de la Compagnie, parler de l'esclavage des Nègres ; d'avoir eu plusieurs conversations avec lui sur le même objet; que je l'ai toujours vu incliné à penser qu'il seroit possible d'adoucir le sort des esclaves ; mais entièrement opposé à leur affranchissement. A Paris le 1er. Septembre 1789. *Signé* : Broussonet, Secrétaire perpétuel de la Société Royale d'Agriculture «.

» Je soussigné, certifie que toutes les fois qu'il a été question, au Musée de Paris, soit en conversation, soit aux opinions , de la question de l'affranchissement des

efclaves des Colonies, M. Moreau de Saint-Méry, Pré-
fident perpétuel de la Société., a toujours été contraire
à l'idée de cet affranchiffement, notamment lorfqu'il a
préfenté M. Duval Sanadon pour correfpondant de la
Société (1), & lorfque M. Barré de Saint-Venant s'y
eft préfenté, & a difcuté cette queftion. A Paris, le 5
Septembre 1789. *Signé* : Ponçe, Secrétaire du Mufée de
Paris «.

M. Moreau de Saint-Méry paffant enfuite à des
objets étrangers à la queftion, mais qui ne le font pas
à fon zèle & à fa conduite, à l'égard des Colonies, a
rappelé qu'il avoit négligé & quitté un état lucratif à
Saint-Domingue, pour un ouvrage utile à cette Colonie.

Il a pris à témoin plufieurs de MM. qu'il avoit été
un des premiers moteurs de l'admiffion de la Colonie aux
Etats-Généraux, dans les Affemblées tenues chez M.
Raby, où s'étoit formé le Comité Colonial; que même
il auroit été nommé de ce Comité, fi on n'avoit pas
craint de nuire à fa fortune. Il a repréfenté plufieurs
billets de M. Raby, qui le conftatent, & MM. de Reynaud, de Périgny, de Gouy, & de Magallon, l'ont
confirmé par leur témoignage.

Il a rappelé plufieurs circonftances, où il a tâché
d'être utile à la Députation, & on lui a encore rendu
cette juftice.

---

(1) M. Duval Sanadon, Colon, donnoit précifément pour
morceau de réception, un difcours *contre l'affranchiffement des
efclaves.*

Il a déclaré qu'il a fuivi quelque-temps les Séances de l'Hôtel de Maffiac, mais qu'il avoit toujours follicité fa réunion & fa concorde ayec la Députation ; comme dans celle-ci , depuis qu'il y eft admis , il a prêché la réunion & la concorde (qu'elle a follicité elle-même) avec l'Hôtel de Maffiac, & fa conduite a encore été atteftée par plufieurs Députés, qui , dans diverfes circonftances, l'ont vu aux Affemblées de Maffiac.

M. Moreau a encore pris à témoin tous MM. les Députés, de la conduite pure, loyale , & patriótique qu'il a tenue dans ce Comité, depuis la coalition des trois Députations ; & du zèle qu'il a montré à l'Affemblée Nationale, où il a plaidé la caufe des Colonies. On lui a , par acclamation , rendu à cet égard la plus éclatante juftice.

Il a mis fur le bureau , fa réfutation du plaidoyer de l'Abbé Grégoire, en faveur de l'admiffion des Gens de couleur à l'Affemblée Nationale : ouvrage dont les Députations des trois Colonies ont demandé à faire les frais, & qu'il achevoit de faire imprimer, au moment où il apprend qu'une calomnie le fait profcrire à Saint-Domingue.

M. Moreau de Saint-Méry n'a pas diffimulé qu'il s'étoit apperçu, en dernier lieu au Cap, qu'on le fufpeétoit d'avoir eu part à la réunion des Confeils ; mais il a obfervé que fa conduite avoit montré qu'il ne l'approuvoit pas ; que notamment M. Buffon, Juge du Cap , & M. de Thébaudières, Procureur du Roi du Port de Paix, peuvent le prouver par fa correfpondance avec eux, s'ils l'ont confervée ; qu'il a fait les remontrances du Confeil à ce fujet, & qu'il y a mis toute la force dont il eft.

capable; que tout le Port-au-Prince eſt témoin de l'ex-
trême dureté avec laquelle il a toujours affecté de criti-
quer cette opération, & ſes ſuites, en préſence du Conſeil,
& à la table du Général & de l'Intendant; qu'il a publié
ſon opinion dans les parties de l'Oueſt & du Sud, qu'il
a viſitées dans le plus grand détail, relativement à ſon
ouvrage; que pluſieurs perſonnes ſavent ici qu'il a été
long-temps éloigné de M. de la Luzerne, parce qu'il avoit
perſiſté publiquement dans ſon opinion; & que ſi, depuis, il a repris quelqu'accès auprès de lui, c'eſt par des cir-
conſtances de la révolution que tout le monde connoît.

M. Moreau de Saint-Méry a fini par demander que
toutes les pièces qu'il a produites fuſſent certifiées & paraphées par M. le Préſident, & par le Secrétaire de la
Séance; & il s'en eſt rapporté à MM. les Députés, ſur
ſa juſtification, ſur la conduite qu'ils avoient à tenir,
pour la faire accueillir, ſi elle leur paroiſſoit ſuffiſante,
par une Colonie à laquelle il étoit incorporé par adoption,
par reconnoiſſance & par attachement, & qu'il ſe feroit
toute ſa vie un plaiſir, un devoir, & un honneur de
chérir & de défendre comme ſa propre Patrie. *Signé* à
la minute: Moreau de Saint-Méry.

La matière miſe en délibération, M. Moreau de Saint-
Méry retiré, & en préſence de MM. les Députés de la
Martinique & de la Guadeloupe;

Il a été arrêté unanimement que la juſtification de M.
Moreau de Saint-Méry eſt auſſi compléte qu'honorable,
aux yeux de la Députation; que M. Charton paroît *au
moins*, un homme peu inſtruit qui a mal-à-propos cru
entendre parler d'affranchiſſement des eſclaves, loiſqu'il

n'étoit queftion, *tout au plus*, que d'améliorer leur fort, fans qu'il paroiffe même que ce foit fur une motion de M. Moreau ; & qui a foutenu, avec une opiniâtreté aveugle, *& peut être de mauvaife-foi*, malgré les repréfentations de fes Collègues, une erreur qu'il auroit pu commettre, faute de lumières.

Qu'en tout & pour tout la conduite de M. Moreau, par rapport à la Colonie, loin de mériter fa haine, paroît à la Députation, mériter fa reconnoiffance.

Que la préfente Délibération fera imprimée inceffamment & envoyée en grand nombre, dans les trois parties de la Colonie, à l'adreffe des trois Comités actuels, avec prière d'accueillir favorablement une juftification, qui paroît fans réplique, & de la faire répandre dans le public, qui fe fera un point d'honneur de dédommager M. Moreau, par fon eftime & par toute fa bienveillance, lorfqu'il fera éclairé fur une erreur, malheureufement trop excufable, puifque l'écrit de M. Charton pouvoit ne pas paroître fufpect, & que le fyftême imputé à M. Moreau étoit la ruine de la Colonie.

Que la Colonie eft follicitée d'accorder à M. Moreau, telle réparation que fa fageffe eftimera convenable, lorfqu'elle aura fanctionné fa juftification.

Qu'avec la préfente, il fera envoyé à Saint-Domingue, le plus grand nombre d'exemplaires poffible de *l'opinion* de M. Moreau à l'Affemblée Nationale, concernant les Colonies, de fa réponfe à l'Abbé Grégoire, des Procès-verbaux & cahier des Electeurs du Tiers-Etat de Paris, & du Procès-verbal de MM. de la Martinique.

Que la lettre de MM. les Colons de cette Ifle, en date de ce jour, fera annexée à la préfente duement cotée & paphée par le Secrétaire ; & que, pour réponſe, il ſera envoyé à MM. les Députés, 100 exemplaires de la préſente : Qu'il en ſera envoyé 100 à M. Moreau de Saint - Méry, & 100 à MM. de la Guadeloupe.

Et de ſuite les pièces ſuivantes ont été certifiées & paraphées par M. le Préſident, & par le Secrétaire général, & remiſes à M. Moreau ; ſavoir :

Procès-verbal de l'Aſſemblée des Electeurs du Tiers-Etat de la Ville de Paris, *intra muros*, imprimé.

Cahier du Tiers-Etat de la Ville de Paris, imprimé.

Le Procès-verbal des Séances des Colons-Electeurs de la Martinique, imprimé.

Obſervations de M. Charton, à la motion de M. Moreau de Saint - Méry, imprimé ; avec le certifié dudit ſieur, & le certificat du ſieur Nyon, Imprimeur.

Le rapport fait par MM. de Chateaugué, de Belligny & du Haroc, à la Séance de MM. de la Martinique, du 6 Septembre dernier.

Converſation par écrit de M. Moreau de Saint-Méry & du ſieur Charton, ſignée d'eux ; en préſence des trois Commiſſaires de la Martinique.

Certificat de MM. les Electeurs de Paris, du 1 Septembre 1789.

Idem de M. Huguet Electeur.

Idem du Secrétaire perpétuel de la Société Royale d'Agriculture de Paris.

Idem du Secrétaire du Muſée de Paris.

Et MM. ont ſigné :

Signé : De Reynaud, de Thébaudières, de Cocherel, Gouy-d'Arſy, de Périgny : *Députés votans de St.-Domingue*; Laborie, *Secrétaire général*, de Chabanon, de Rouvray, de Villeblanche, le Comte O-Gorman, Courrejeoles, de Marmé *Préſident*, Magallon, Duval Monville, *Députés Suppléans de St.-Domingue*; Le Comte Dillon *Député votant de la Martinique*, de Perpigna *Suppléant*, le Marquis Duqueſne *Suppléant*, de Curt, & le Vicomte de Gualbert, *Députés votans de la Guadeloupe.*

Collationné : L A B O R I E,

Secrétaire général de la Députation de Saint Domingue.

De l'Imprimerie de CLOUSIER, Imprimeur du ROI, rue de Sorbonne. 1789.